Edition Schott

Cello Library · Cello-Bibliothek

Krzysztof Penderecki

*1933

Cadenza

per viola sola

(1984)

Versione per violoncello solo di
Fassung für Violoncello solo von
Version for violoncello solo by
Jakob Spahn

(2015)

CB 295
ISMN 979-0-001-20464-4

SCHOTT

www.schott-music.com

Mainz · London · Berlin · Madrid · New York · Paris · Prague · Tokyo · Toronto
© 2019 SCHOTT MUSIC GmbH & Co. KG, Mainz · Printed in Germany

Uraufführung / First performance:

August 2015, Lusławice (PL)
The Krzysztof Penderecki European Centre for Music
Jakob Spahn, Violoncello

Dauer / Duration: 8'

Vorwort

Die vorliegende Transkription der *Cadenza* entstand im Rahmen einer Gesamteinspielung von Pendereckis Kompositionen für Violoncello solo im Krzysztof Penderecki European Centre for Music in Luslavice im Sommer 2015.
Neben dem *Capriccio per Siegfried Palm*, *Per Slava*, der gerade fertiggestellten *Suite* und *Violoncello totale* erschien mir eine Adaption dieses populären Viola-Stückes als äußerst passend, zumal sich der Komponist von der Idee sehr angetan zeigte. Zahlreiche Werke von Penderecki existieren bereits in mehreren Fassungen für unterschiedliche Instrumente, so liegt von der *Cadenza* auch eine Version für Violine solo vor.

Jakob Spahn

Foreword

This transcription of *Cadenza* was created within the framework of a complete recording of Penderecki's compositions for solo violoncello made at the Krzysztof Penderecki European Centre for Music in Luslavice in the summer of 2015.
To complement the *Capriccio per Siegfried Palm*, *Per Slava*, the just completed *Suite* and *Violoncello totale*, I thought that an adaptation of the popular viola piece would be a suitable addition to the programme, especially as the composer was also very taken with the idea. Many of Penderecki's works already exist in several versions for different instruments: Cadenza is also available in a version for solo violin.

Jakob Spahn
(Translation: Lindsay Chalmers-Gerbracht)

Avant-propos

Cette transcription de *Cadenza* a été réalisée dans le cadre de l'enregistrement de l'intégrale des œuvres de Penderecki pour violoncelle solo, au Krzysztof Penderecki European Centre for Music, à Luslawice durant l'été 2015.
Une adaptation de cette pièce populaire pour alto m'a semblé être un judicieux complément aux œuvres *Capriccio per Siegfried Palm*, *Per Slava*, la *Suite* récemment terminée, et *Violoncello totale*, d'autant plus que l'idée plaisait beaucoup au compositeur. De nombreuses œuvres de Penderecki existent déjà dans plusieurs versions pour différents instruments : Cadenza est ainsi également disponible dans une version pour violon solo.

Jakob Spahn
(Traduction : Dominique de Montaignac)

Cadenza

Krzysztof Penderecki
*1933
Arr.: Jakob Spahn

Lento

poco a poco cresc.

mf   *f*

pesante   *poco più mosso*

alla corda

subito **p**   **f**   **p**

poco a poco cresc.

poco a poco accel.

Vivace

f

tallone   *sim.*

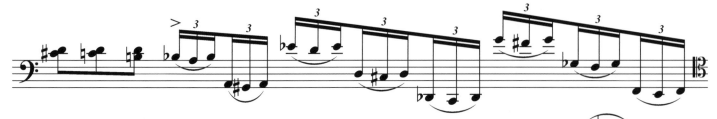

Tempo I

Schott Music, Mainz 59 336